昔の女の子
今、七十七歳

Yasue Odajima
小田島 やすえ

文芸社

目次

昔の女の子　今、七十七歳

第一章　負けん気の女の子

かすかな記憶

幼い時のかすかな記憶、それは母が襖に両手を当て、その手の上に顔を伏せて泣いている姿でした。その母に向かって父が叱りつけているような光景。私が四歳の時でした。

神崎のおばちゃんが私をおんぶしてくれました。近所の人達が日の丸の小旗を手に、続々と集まってきます。そのうち、父を先頭に、皆が小旗を振りながら歩き出しました。その後ろ姿が見えなくなった朝のかすかな記憶……。

著者と兄

父は徴兵され、お国のために戦地に向かったのです。その時、母は産後一ヵ月、四人目の子供を出産したばかりだったのです。体調は勿論のこと、精神的にも最悪だったと思います。四人の子供を女手一つで育てる母の一日一日が、この日から始まったのです。

勝って来るぞと勇ましく
誓って国を出たからにゃ
手柄立てずに死なれよか

（露営の歌　作詞／薮内喜一郎）

母がよく口ずさんでいた歌が、私の頭の中に残っています。その時の母は、父のことを思っていたのでしょう。

幼い私は手まりをつきながら、意味もわからずこの歌を口ずさんでいました。

第一章　負けん気の女の子

一列談判破裂して
日露戦争始まった
さっさと逃げるはロシアの兵
死んでも尽くすは日本の兵
五万の兵を引き連れて
六人残して皆殺し
七月八日の戦いに
ハルピンまでも攻めよせて
クロパトキンの首をとり
東郷元帥万々歳　（日露戦争の歌）

ここはお国を何百里
離れて遠き満州の
赤い夕日に照らされて

友は野末の石の下
思えばかなし昨日まで
真先駈けて突進し
敵を散々懲らしたる
勇士はここに眠れるか　（戦友　作詞／真下飛泉）

私の小学生生活

昭和二十年四月、私は国民学校一年生に入学しました。母が、「やっと見つかった」と、私に段ボールで作られたオレンジ色のランドセルを背負わせてくれました。

「お父ちゃんが、戦地で兵隊さんに配られたタバコを吸わないで我慢し、戦友に売って貯めたお金を、『やすえにランドセルを買ってやってくれ』と、送ってくれたんだよ」

と、知らされました。

満開の桜の花の下、二宮金次郎の銅像のある小学校に通学するうれしさを感じていました。

校舎の前にある狭いグラウンドは、朝礼や体操をする場所として使用されていましたが、校舎の右側にあった広いグラウンドは掘り起こされて、野菜畑になってしまいました。さつま芋は、勿論のこと、芋の茎や葉っぱまでが給食の食材として、私達の命を支えた時代です。

昭和二十年八月六日午前八時十五分、広島に原爆が投下された朝は、私達の村でもサイレンが鳴りっぱなし、家庭のラジオはボリュームを上げ、村はざわついていました。

それから数日後の八月十五日、ポツダム宣言受諾、日本は敗戦したのです。

二学期が始まった日、学童疎開者の藤末信子さんが、私達のクラスに編入してきました。藤末さんは、妹さんと二人で村のお寺・光泉寺に身を寄せられたのが八月五日。お母様は、荷物を取りに広島市内に戻られ、運悪く、ピカドンにヤラレタ、と聞かされました。三年生くらいまで私達の学友として一緒に勉強しましたが、広島市内の学校に転校されました。

一度お会いしたいなァー、藤末さんと語り合いたい思いは、現在も私の心の片隅にあります。

私の母は少々ぜいたくに育てられたとか？

大正五年生まれ、村で女学校を卒業させてもらったのは母だけだったと、話に聞いています。タンスの中には、着物が詰まっていたことが幸いして、着物を一枚ずつ持ち出し、米や野菜と物々交換しながら、私達の生活を支えてくれたようです。

そのうち、失業対策事業に申請して、道路工事や河岸工事の現場で働くようになりました。どろ沼で汚れた作業服のまま、縁側に横たわって一休みしないと、体が痛くて夕食の支度も出来ない、そんな母の姿を見て、子供心に可哀相なお母ちゃん、と私は思ったのです。

母の手助けは、井戸の釣べで水を汲み、バケツで何回も何回も、風呂場の桶に水を運び、木の枝で風呂を沸かすこと。雨戸を閉めること。布団を敷いて蚊帳《かや》を吊ること。

長女という自覚も感じ始めた頃で、妹達の世話もしたり。

ある時、障子に指を突っ込んだ穴が幾つもあり、「誰がやったんだ！」と叱り始めた母。

兄も妹達も無言で、知らない振りをしていたので、私が「ごめんなさい」と身に覚えのないまま、犠牲者になった記憶もあります。

四年生になって

私は、周囲の人から「勝ち気な子だなあー」「気の強い子だ」「男勝りの子」などと言われていました。

学校で体育の時間、砂場で男子児童が相撲を取り終わると、「女子もやれ！」と先生から言われ、背丈の小さい人から順番に取り組みが始まり、私は中ほどから次々と相手を投げ放して、最後にクラスで一番背が高く、体格も立派な信枝さんとの闘い。あっ、もう駄目だ、負けると思った瞬間、相手が転んで、私が勝ったのです。勝ってうれしいどころではない、あの時、負けておけばよかったと後悔しました。なぜなら、クラスの男子児童から「照国《てるくに》」（当時の大相撲で横綱だったお相撲さん）とあだ名で呼ばれ、イジメにあっているような嫌な思いで、登校したくないような一時期がありました。

ちょうどその頃です。「父帰る」の知らせがあって、母は勿論ですが、兄が喜んで部屋の中をワァーイワァーイと走り回り、喜びを表現していました。

終戦後、生きているのか、死んでしまったのか、全く消息が絶えていた父。舞鶴港に上陸して、翌日、私達家族の元に帰って来たのでした。親戚の人達、近所の方々から大歓迎を受けました。父は、

「戦後は捕虜の身となり、満洲に連行されて過酷な労働を余儀なくさせられ、その頃の生活は語れるものではない」

と、皆さんに挨拶したきり、その後、母にも戦地や捕虜生活については一言も語っ

たことはなかったそうです。

長旅の帰国船の中で何人もの戦友が病気や栄養失調で死んでいく度に、父は、今、ここで死んでたまるかと、這ってでも生きて帰ることを思い続けたのだそうです。

父はマラリアという病気を持ち帰り、八月の暑い最中に寒い寒いと震え、押入れの布団を全部掛けても震えが収まらないと、母が医者に話していたことがありました。

その後、父が就職したのは、地元を走る芸陽バス会社の運転手でした。一日の最終バスを運転している時は、顔見知りのお客さんが多く、バス停ではなく、お客さんの家の前か、近くでバスを止めて「降《お》りんさい」と、言っていたそうです。

母は、読み書きソロバンができ、失業対策事業から地元の農業協同組合の事務員として就職することができ、私達家族六人が平和に暮らせるようになりました。

在校生代表で送辞を読む

毎年三学期になると、六年生の卒業式があります。五年生だった私は、在校生代表で、送辞を読むことになりました。

ところが、職員室では侃々諤々の意見が飛び交っていたそうです。男子がいるのに、女子を代表にするのは如何なものか……と。昭和二十五年頃の日本は、まだ男尊女卑の匂いの漂う時代だったのですね。

しかし、担任の住永利夫先生は、「卒業生を送る」という題で、みんなに作文を書かせたら、吉川《きっかわ》やすえ（私のこと）の作文が一番良く書けていたから代表でいいのではないか、と応酬して、私に決めてくださったと聞きました。

私の作文はどこも修正されないで、送辞として読ませて頂きました。

この送辞は、前年に四年生で参列した卒業式に、五年生の代表が読み上げた文章が、頭の中に記憶されていたのです。ストーリーとしての文体を思い出しながら、言葉を少し変えたり、自分の考えを書き添えたのです。自分で言うのも変ですが、記憶力抜群の女の子ですよ。

合宿体験

私は、六年生の夏休みに、現在の学校教育では考えられない体験をしました。

広島県豊田郡河内町の小学校の校長先生に推薦されて、忠海中学校の体育館に宿泊。十日間の臨海学校に参加させて頂いたのです。郡内の各学校から選ばれた男女を含む八十二名の六年生の児童が、仲間として協力し合い、規則正しく、少々厳しさも感じましたが、思い出深い十日間でした。親元を離れて寂しかったのか、メソメソ泣いている児童もいました。私の想像ですが、この合宿の主催は、豊田郡教育機関だったのではないでしょうか。

どこかの小学校の校長先生を中心に、どこかの小学校の先生数名で、私達を指導してくださいました。

朝六時に起床、洗面後寝床の片付け、体育館の掃除、朝食、カリキュラムに従った勉強や書道、海水浴や商店街の見学、夕食前には一日の反省会。愛媛県今治市に船で渡り、紡績工場の見学もありました。船が揺れて大勢の仲間がゲーゲーと嘔吐していました。

刑務所見学は、行く前から恐い所と想像して胸がドキドキしていました。

刑務所の中廊下を歩きながら、私達は左側の独房をチラッチラッと横目で気にしつつ見学しました。鉄格子の中が丸見えで、受刑者は背中を壁に当て、膝を立てて座り、両手で足を抱え込み、頭から袋を被った姿で、男の人だと思いました。悪いことをするのは男の人、という先入観が私の頭の中にあったのかも知れません。

私達が見学に行った先々で、「将来、日本を背負って立たれる優秀な君達」との言葉で、歓迎されました。

小学生最後の運動会

小学校では、校舎の周辺の畑が整地されて、広いグラウンドに戻され、昨年までの運動会とは異なり、午後からは大人を含めた集落対抗大運動会が開催されました。私は朝礼台の上に立ち、「体操隊系に開け」と大声で叫び、「第一ラジオ体操始め！」と、腹の底から声を出した元気満開の女の子でした。

敗戦と共に歩んだ六年間の小学生生活。当時の食事は、お粥、すいとん、麦ご飯。でも三度の食事に満足していました。村には、小物の衣類を大風呂敷にくるみ、背中にしょって売り歩く行商のおばさんがいました。豆腐屋さん、魚屋さんは自転車での行商。そこから食材を買って、七輪の炭でイワシを焼いて食べられる幸せ。

雨や雪が降っても、足元は下駄か藁草履でした。そのうち、ゴム靴を履くようになり、どこから届くのか、配給で各クラスに運動靴が五足くらい配られ、くじ引きで当たった人がもらえました。

六年生最後の卒業記念アルバムで、最前列に座り、両脚をきちんと揃えている成子さんの足元は、左右の靴が異なっているのです。

成子さん、当時の貴重な歴史を残してくれてありがとう。私はこの写真を見る度に、成子さんに感謝しています。

中学生になって

中学に進学すると制服着用で、女子はセーラー服にヒダスカートでした。私は河内中学校に進学したのですが、町内の河戸小学校、河内小学校、小谷小学校の三小学校が合流した中学校で、私の家から二里（約八キロ）の道のりを徒歩通学でした。

バス通学の友が二名、自転車通学の友が数名いましたが、大部分の生徒は歩いて通学していました。

毎朝七時に家を出て、学校まで小走りです。クラブ活動でソフトボールのキャッチャーをしていたため、帰途は疲れてクタクタでした。途中、山の湧き水を手のひらですくい飲みし、一休みしてからでないと、歩が進みません。

通学に時間がかかり、宿題や勉強する時間がもっとほしいと常に思っていました。将来のことを考え、独学でソロバンの検定試験にも挑戦しましたが、三級に合格するのがやっとでした。夜遅くまでソロバンの練習をしていると、父親から、「まだ起きているのか。早く寝ろ」と、叱られることは度々でしたが、勉強しろ、と叱られた記憶はありません。

高校進学

中学三年生の秋、運動会が終わった頃から、クラスメートの一人また一人と、それぞれに進む道が定まっていきます。クラスの二分の一は大阪に集団就職、そのほとんどが紡績工場と聞いていました。高校進学は、お金持ちの息子さん、お嬢さん、学業成績の良い数名、その他看護師学校、家事手伝い。

私は、学業成績が良い生徒として扱われたのでしょうか、母が担任の先生と面談し、たぶん母の意向が優先したのだろうとの推察ですが、広島県立三原商業高等学校に受験することが決まりました。

そのことを母から聞かされ、

「学校のことは、自分でやるから放っといて！」

と、母をにらみ返すような目つきで反抗したことを思い出します。

私が高校三年生になると、妹の哲子が高校一年生、まだ下に妹の諒子がいます。

私は働きながら定時制高校に行こうと、ずいぶん前から考えていました。仕事はどうやって探したらいいのか？　住まいはどうすればいいのか？　毎日そのことばかりを考えていたある日、思い切って広島市内に住んでいる親戚のおばさんに手紙を書きました。

――働きながら広島県立国泰寺高等学校定時制（夜間部）に入学したいのですが、しばらくの間（仕事を見つけたり、アパートを探したりする間）おばさんの家に泊めてください。お願いします。

おばさんから返事が来ました。

――今、四畳の部屋に親戚の女の子が生活しているが、その子と同じ部屋で仲良くやっていけるのなら、どうぞ。

私にとっては、ここで大きな目的が一つ叶えられたのでした。私は担任の先生に、働きながら県立国泰寺高等学校（旧広島一中）定時制に進学する意志を伝えました。でも先生は、二学期の成績表の中に、進学については再度よく考えるように、と記してありました。

私の気持ちは変わりませんでした。入学願書は学校で取り寄せてくださり、全てを自分で記入しました。印鑑は、学校近くに吉川という同姓の表札を常々見て通っていたので、悪知恵を働かせてクリアできました。その吉川さんのお宅に行き、家で印鑑を押し忘れて困っています。ここに印鑑を押していただけないでしょうか、と丁寧にお願いしたのです。対応してくださったのは、母と同じ年齢くらいの優しいおばさんでした。

「えらいねー、頑張りんさいよー」との励ましの言葉と㊞を頂き、ああ、よかった！

この年齢の私は親の世話になりたくない思い、つまり反抗期だったのでしょうネ。

昭和二十九年四月一日、原子兵器禁止決定案が衆議院で可決した時期でした。

ふる里を旅立つ朝、ボストンバッグの中身は僅かな勉強道具と僅かな衣類。それと、お金、片道切符を手にしていたのでしょう。

お金は両親から渡された記憶はありません。幼い頃から私のことを本当に可愛がってくださった村の歯医者さんの奥様が、高校進学のために旅立つ私に、お餞別としてくださったものです。

「勉強したい娘を高校に行かせてやれないお父ちゃんは、世間の人に笑われる」

と、つぶやいた父。忘れませんお父ちゃんのつぶやき、私には父母を偲び涙する今があります。

第二章　夢を追って

旅立ち

広島県豊田郡河内町字河戸九一一番地の実家を後にし、徒歩五分、バス停からバスに乗り三十分、河内駅から山陽本線下り列車（当時はもくもく煙を吐き、ボォー、ガッタンゴットンと走る汽車）に乗り、六十分で広島駅到着。駅から徒歩十分、稲荷橋の袂の太田川の土手にそって、ずらりと並んだバラック住宅、右の方向に四軒目の小さなバラックの家が、私がお世話になる住居でした。

部屋のカーテンを開くと、川面に小鳥が飛んでゆきます。物干し台に出てみると、川辺から吹き上げてくるそよ風。山深い山村に暮らしていた田舎者の私には絶景の住居に思え、とてもうれしく元気が湧いてきました。

職業安定所で紹介された職場は、広島県庁地下売店の中にある本屋さんでした。その泉書店に採用され、順調に夜学生活がスタートできたのです。

夏、秋、冬と季節は変われど、私の生活は規則正しく真面目に二年間が過ぎました。


高校三年に進級する寸前、妹の哲子が私と同じ夜学に進み、広島市内の百貨店で電話交換手に採用されたのです。

当然ともいえる成り行きで、姉妹でアパート暮らしが始まりました。それを機に、私は職場を広島大学病院皮膚科の看護助手（補助者）として転職。バイト料金が思いのほか多額で助かりました。

寝食を共にする相手が今までとは違い妹なので、学校からの帰りが少々遅くとも、深夜まで灯をつけて勉強しようとも気遣うことなく、夜中を上手に活用できました。

生徒会活動の一環として弁論部を立ち上げたのも、この頃でした。また、文化祭では仲良しの吉本崇子さんと『金色夜叉』の寸劇を演じ、観客の生徒達から笑いの波が起こりました。貫一役が私、お宮役の吉本崇子さんは私より背が高く、スマートで美人でした。

吉本さんとは学校の売店で、ピーナツバターをぬった食パン一枚を買って、半分ずつ食べる空腹の友でした。昼間の仕事で疲れきった体を引きずるように登校するのは、私ばかりではありません。

ある日、雨の中を傘もささず、地下足袋を履いて校門をくぐる男子生徒がいました。私は親切そうに傘をさしかけ、相合傘で歩きながら、「学校に地下足袋で来るのはやめてよ」と、言ったのです。すると彼は、「仕事の途中で雨が降り出し、土方作業が中止になったので、そのまま図書館で本を読んでいたんだ」と。でも……と反論したい気持ちを抑え、「昼間の仕事、大変なんだね」と、言えるのが私の長所なのかもしれません。

そんな近づきからよく話をするようになり、私が立ち上げた弁論部の一員として活躍してくれたのが彼、木村快君でした。

弁論大会に参加

弁論部の部員は男子六名と私。部活としては、近隣の定時制高等学校弁論大会に参加したり、当時流行していた「是か、非か」の激論を交わす対論会に参加したりなどでした。

そんなある日、日本大学弁論部主催の「全国定時制高等学校弁論大会」の、中国地方代表に私が選ばれたのです。私は、右も左も知らない東京に一人向かいました。上京したものの、私は東京の街中で行き交う人に、「お尋ねしますが……」を繰り返し、やっと会場の日本大学大講堂に到着しました。

私の論題は「和の心」。自分の弁論が終わると結果発表も待てず、すぐに東京駅に向かい、汽車に乗りました。私が入賞したかも……なんて馬鹿な心残りがいつまでも消えませんでした。

広島のアパートに帰り着いたのは翌日の昼頃でした。疲れていたのか、倒れるように寝込みました。

昭和三十二年、広島発東京行き急行列車安芸号は十四時に広島発、翌朝八時東京着。運賃は千八百円だったと記憶しています。

NHK青年の主張コンクール

高校生活四年目の夏休みも終わり、久々に顔を合わせる友、友、友。弁論部に届いていた郵便物の中に、NHK広島支局より「第四回青年の主張コンクール参加案内」のお知らせがありました。原稿応募に入選した人がコンクール参加可能。七名の部員全員が原稿を書くことを確認。しかし結局、締切り日になんとか書き終わっていたのが木村快君だけでした。書いたり消したり、汚い下書きのまま、清書する時間もありませんでした。授業開始のベルが鳴り、木村快君は生徒会室のゴミ箱に原稿を捨てたのです。私も残念に思い教室に戻ったら、なんと社会科の長崎先生がお休みで二時間は自習時間。「ラッキー、ラッキー」と叫びながら廊下を走り、生徒会室のゴミ箱から捨てられた原稿を拾い、NHK広島支局まで届けに行ったのです。

広島市流川町の中国新聞社ホールで県大会が開催され、見事、木村快君が一位になり、中国地方大会の出場権を得たのです。大会終了後に、青年の主張番組を担当されたプロデューサーさんからびっくりするような話を聞きました。まさに運命の分かれ道。

「木村快さんの原稿はあまりにも汚かったので、読まずにボツにしたんですよ。ところが妻がボツ原稿を片付けながら目を通していたら、木村快さんの原稿に感動して、プロデューサーさんが原稿の内容を確認され、末端の入れ替えが行われたそうです」

木村快君の原稿には、「将来、演劇を通して人々の心に潤いを与え」――そんな内容が書かれていたように、私は記憶しています。広島県呉市での中国地方大会でも一位、全国大会で一位。

「木村快君　お帰りなさい」という番組が、NHK広島支局でラジオ放送されることになり、畑山教頭先生と弁論部長の私が同席させて頂きました。身に余る体験をありがとうございました。

現在、木村快君は東京小金井市でＮＰＯ現代座の代表者としてご活躍中です。「ＮＨＫ青年の主張であんなことを言っちゃったもんだから」は、以前、木村君との会話の中でよく出てきた言葉です。いろいろご苦労はあるでしょう、苦労ばかりの人生かもしれませんが、青年時代の志一本に筋を通して頑張っている木村快君に、大きな拍手を送り続けている私です。

昨秋は、息子の篤と嫁のかおるちゃんと三人で、木村快君が脚本、演出を手掛けた「武蔵野の歌が聞こえる」の観劇に行き、最前列中央の座席で大満喫しました。

上京

広島大学病院での補助看生活では迫婦長さんから患者さんへの接し方、言動や思いやりなど、厳しく教えて頂き、また、可愛がっても頂いたご恩は、しっかり胸の中に受け止め、さらに大学進学への夢を抱いて上京を決意した十九歳の女の子でした。

高校で一年先輩だった奥田栄子さんが東京で生活されていることを、また奥田さんの住所を、どのようにして私が知り得たのか、今になっていくら考えても思い当たりません。

とにかく私は、奥田栄子さんに手紙を書き、進学したい気持ちと、就職のことを相談した記憶があります。

奥田栄子さんから、東京にいらっしゃれば仕事は見つかりますよ、との返信を頂き、即上京するために準備をしました。

財布の中身は三千円、ここでも片道キップを握りしめての上京です。両親や妹、友人やふる里広島への未練など一切ありませんでした。

東京駅に出迎えてくださった奥田栄子さんとは初対面でした。

奥田栄子さんに、私の全てを任せての上京でした。

「兄と二人で暮らしているアパートで一休みしましょう」と、優しい言葉を掛けてくださり、アパートでお茶をご馳走になりながら、お互いの今の心情を語り合いました。

電車を乗り継ぎながら案内されたのは、本郷三丁目の朝日館という旅館でした。

朝日館の娘さんと奥田栄子さんは職場の同僚で、私のことを朝日館の娘さんが、「なんとかなるよ」と言ってくださったそうです。

案内された部屋のテーブルの上には、生まれて初めて目にするたくさんのご馳走が並べられ、仲居さんに「どうぞお召し上がりください」と言われても、支払いが気になって箸が持てませんでした。旅館に泊まるつもりなど全く考えてもいませんでしたし、暗い気持ちに落ち込んでしまいました。

旅館のご用が一段落されたのか、女将さんが部屋に来てくださり、「今晩は、ゆっくりお休みなさい。明日、近くの旅館に案内しますよ。旅館でしばらくの間働いてあげてください。人手が不足して困っておられるのでね」とのお言葉を聞き、ほっと一安心。もし、明日の朝、私の手持ち金で支払いが不可能だったら、女将さんに正直にお話をしようと思いましたが、宿泊代の請求はありませんでした。

ご紹介頂いた文京区の会陽館で一生懸命働き、朝日館の女将さんにご迷惑をかけることのないよう頑張る決意を持ちました。奥田栄子さん、朝日館の女将さんに感謝の気持ちでいっぱいでした。

人は生きていくために衣食住が必要と、小学生の頃、教科書で学んだことがふと頭の中に浮かび、上京一夜にして食住が安定するなんて、私は運がいいと思いました。

会陽館では、厨房で板前さんの指示に従い、食器や鍋釜の洗い物、時には「ネギ、二本買って来てくれ！」と言われ、調理中に不足した食材なので猛スピードで八百屋さんに走ります。

また、仲居さん達から声が掛かり、客室や廊下の掃除、シーツの取替えなどの手伝いをし、時間がある時は、浅草や上野へ連れて行ってもらうなど、可愛がって頂きました。

「これは、どうするん？」と、私が広島弁で教えを請うと、真似されたり笑われたりしながら、少しずつ広島弁から遠ざかっていったのも、この頃でした。

住み込みで三千五百円の月収入のうち五百円を小遣いに、三千円を貯めるのが楽しみでした。

東京での暑い夏も終わり、秋風が吹く頃、昨年木村快君が全国一位に入賞した「NHK青年の主張コンクール」を思い出し、原稿を書き、提出しました。テーマは「私の職業観」。日比谷公会堂で開催された東京地方大会では三位に終わりました。

「賞状、吉川やすえ殿。第五回NHK青年の主張コンクール東京大会において、第三位に入賞されました。よってここに賞します。昭和三十三年十一月二十九日　日本放送協会会長　野村秀雄」

あれから五十年以上過ぎた今日、古くなった賞状と盾は、青春の思い出として大切に持ち続けています。

大学生活

多忙な生活の中で、本を読んだり、勉強する時間も少ない日々。自分の学力の程度もわからないまま、明治大学二部政経学部政治学科を受験し、入学することができました。

入学して気付くと、女性は私ただ一人だったのです。

会陽館から、渋谷区代々木上原の会社社長宅の住み込みのお手伝いとして働けるようにお世話くださったのも、朝日館の女将さんでした。

広い敷地の中に社長宅があり、大通りに面して、主に水道工事関係の仕事をする東方工業株式会社でした。会社には、地方出身者の男子寮があり、現場に持参する弁当作り、朝食の支度など、朝はてんてこまいの忙しさです。その後、風呂場や部屋の掃除、洗濯、時には事務所から声が掛かり電話番、区役所に書類を持参したり、健康保険組合へ行くなど、少しずつ東京の街を知る人となり、その喜びに「ハイ」の一つ返事で頑張りました。

夕方五時になると、遠慮なく学校に通わせて頂きました。小田急線の東北沢駅から新宿、そこから中央線で御茶ノ水駅へ。坂道を三百メートルくらい歩いて下ると、「おーおぉー明治、その名も我等が母校！」と、よく歌いました。

ある時、大学構内で先輩から声を掛けられました。立ち話でしたが、「政経学部委員会の役員となって、いろいろな活動に参加してくれないか」、との話。東京ではまだ友人も知人も少ない私だったので、いいチャンスかな、とも思いました。校舎の地下一階、薄暗い場所に各学部の部室がありました。その時から、政経学部の部室にしばしば足を運ぶようになりました。

私に声を掛けてくれたのは、委員長の大瀬兵吉さん（鹿児島県種子島出身）三年生でした。

部室での活動は、ガリバンで印刷物を刷ることでした。その印刷物は、六〇年安保反対闘争参加を学生に呼びかけるチラシでした。

正門に立ち、登校してくる学生達にビラを手渡していた時、「あら、古井君」と、私は思わず大声を出しました。

広島での、定時制高校時代の同級生、古井君でした。彼はストレートで入学し、この時は明治大学法学部二部の二年生でした。懐かしいというのか、うれしいというのか、話す言葉のテンションが上がります。

明治大学在学中

安保闘争と自立

この頃が安保闘争への学生運動の始まりでした。神田付近に数校の大学生が集会し、スクラムを組んだ長い列ができました。路面電車や車に迷惑をかけるのもお構いなし。「安保反対！　ワッショイワッショイ」の繰り返し……。ジグザグ行進。数少ない女の子の参加者に交じって、悪いことをしているのではないかと思いながら、私も数回参加しました。

デモは神田からスタート、新橋のガード下で解散でした。会計担当の北沢君から、帰りの電車賃二百円をもらって家路を急いだものでした。

学生運動は次第に激化し、当時の岸総理大臣の似顔絵プラカードを作り構内に持ち込む学生も多くなり、スクラムを組んだ腕はプラカードを持つ腕となり、国会議事堂裏門に突撃した時を最後に、私はデモ参加を終わりにしました。

国会議事堂に突撃した当日、道路両側の街路樹に、カメラを構えた報道陣が登っている姿がありました。

議事堂を背に、ヘルメットに盾と棍棒を持ち構えた警官隊。激突寸前、周りの仲間に促されて私は歩道に上がり、激突の瞬間を見つめていました。靴やカバン、上着が散乱し、警官隊に押さえつけられている学生達。悲惨な現場を身を縮めて見つめていた私でした。

そして、だんだん学生運動が過激化し、ついにあの悲しい「樺美智子さん事件」が起きたのです。小雨降る土曜日の夕暮れでした。私は大学で授業を受け、帰り道にラジオのニュースで知りました。何のために私は夜学に通っているのだろうか？ そんな挫折感を味わっていた時期、校内弁論大会が開催されるので、「女性の地位向上を願って」と題して原稿書きをしていると、何となく勇気が湧いて、自分の歩いている道は急な坂道だけど、この坂道を歩きながら考えよう、と思いました。

以前、学校の正門で出会った古井君から、同級生の沖田孝子さんが東京にいることを知らされていました。ちょうど日曜日だったその日、沖田さんに会いに行こうと、思いつくまま、京王線初台駅近くに住んでいると聞いたアパートを訪ねました。

近況を話し合っているうち、

「私をこのアパートに同居させてくれないかな？」と、冗談半分で、何となく話の流れで口から出た言葉に、「いいよ、ねェ、サッちゃん」と沖田さんが同居中の峯幸子さんに同意を求めてくれたのです。

私は、この場で大きな覚悟を決めました。お世話になっている社長のお宅を出た方がいいと。頭の中にボーッと霞のごとくさまよっている考え事もあったのです。

数日前、社長さんから、

「やっちゃん（将来夫となる小田島温善《やすよし》）が、会社に出入りしている世話好きのおばさんの紹介でお見合いをしたんだよ。良かったのか、気に入らなかったのかはっきり言わないので、良縁だと思うので決めるぞ、と言ったら、お前のような女の子がいいと言うんだよ」

と、寝耳に水のような話。私は聞き流したつもりでしたが……。

社長夫妻は、従業員が三十歳になる前に、順々に所帯が持てるように力を尽くしているのです。次はやっちゃんの番だったんですね。

私は、社長宅のお手伝いさんというより、身内のような居心地の良かった西郷家にさよならする辛さを感じていました。

社長の奥様にお世話になったお礼を言い、高校時代の同級生である沖田孝子さんも保育士の資格を得るため夜学に通っていること、また四畳半の部屋で三人暮らしをすることなど、たくさん話を聞いて頂きました。

私の話を静かに聞いてくださった奥様が、最後に一言。

「生き馬の目を抜くという東京で生まれ育った私が、広島の人に、生き馬の目を抜かれたよ」と。

移り住むことになったアパートは、一階は金物屋さんでした。建物の横階段を上がると一号室と二号室があり、一号室には年配の女性が一人住まい。

二号室のドアを開けると、一坪くらいの板張りがあり、左側の壁に沿って、小さなガスコンロ台と蛇口の付いた流し台、出入り口兼炊事場です。隣は四畳半の和室に押入れ。お手洗いは廊下の突き当たりで共同使用。お風呂は近くの銭湯でした。家賃四千五百円と光熱費一千円を三人で負担することで、沖田孝子さんと峯幸子さんは、経済的に助かったと喜びました。

三人娘の日曜日は、寝ている人、洗濯をする人、ラジオの音楽に合わせて踊る人と思い思いに過ごします。喧嘩もしなければ、仲良くもしない。自分は自分で生きてゆく、他人を干渉しないことで、生活が続いていたと思います。

私は、神田錦町の金文社という書籍問屋の事務員で、初任給が六千円でした。住居費と学費を確保し、希望に燃える毎日を、惨め食（主にホウレン草とコンニャク）で頑張っていました。

昭和三十六年四月、なんとか三年生に進級し、デモとは完全に縁を切っていました。政経学部、厚生部長のお役目を背負って、委員会には真面目に出席していました。

若者の燃えるような正義感で、当時、第二室戸台風の災害支援を叫び、西新宿の街頭に立って募金活動を行いました。昼間の仕事を終え、夜学の授業を半分さぼっての募金活動。約一時間程度の活動だったと記憶しています。

「腹がヘッタ！　終わりにしてメシでも食って帰ろうよ」と、誰かの声。

居酒屋風の食堂に入り、カウンターにずらりと並んで椅子に座り、ホッと一息。すると、私の隣席だった田中委員長が「ちょっと出かけてくる」と一声残して中座しました。各々が好みのメニューを注文している時、大瀬先輩が私の方に向かって、「田中はどうした？」……。まもなく田中委員長が戻ってきました。小声で、「飯代をつくりに質屋に行って来た。コートを脱ごうとしたが、背広の方が多く貸してくれると言われた」と話しながらコートの前ボタンを外すと、ワイシャツ姿です。返す言葉もなく、あきれたと言いたいのですが、その時は、委員長としてのとてつもなく大きな男の魅力を感じました。

当時、構内の売店では、文房具と、身近に必要な小物が販売されていましたが、委員会の熱心な努力で、売店の片隅に温かいうどん店がオープンし、私達はバンザイをして喜びました。それが、学食の始まりです。

そんな学生生活も、私は結婚のために三年生の終わり頃から学校をさぼり、自然消滅で卒業はできませんでした。大学時代の皆さんとは全く疎遠になっていました。

再会

後年、近所で親しく話をするようになったゆかりちゃんが種子島出身と知り、「昔話になりますが、明治大学二部政経学部の先輩に、大瀬さんという人がいて……」

と話し掛けたのがきっかけとなり、人から人に伝わり、種子島出身の方から大瀬先輩の居場所（北海道）と電話番号を知ることが出来たのです。

大瀬先輩からは、卒業される時、東京都内の夜間中学の教員になると聞いていたので、なぜ北海道なのかと不思議に思いながら電話を掛けました。何十年ぶりかの私の声に、大瀬先輩は即反応してくれて、喜んで頂き、私もうれしかった。

北海道の帯広へは、職員不足で友人に引っ張られ、帯広の方と結婚されて、すでに校長職も終わり、定年後はスキーを楽しんでいるとの近況でした。

再会を約束し、待つこと一年。中央線御茶ノ水駅改札口での待ち合わせでした。私は六十四歳のおばあちゃん。

改札口で、おじいさんの姿を探す不安な気持ち。少し前屈みで大きなリュックサックを背負ったおじいさんに近づく私に、「吉川さん」と声を掛けてくれ、ピッタシカンカン。お互いに学生時代の面影は全くありませんので、全て勘での再会でした。

御茶ノ水駅周辺もすっかり変貌していました。坂道を下ると駿河台の校舎は立派に建て替えられていて、エレベーターで二十三階まで上がると、広くて明るい学生食堂がありました。

安保反対運動で先頭に立ち、頑張っていた同志の飲み会に、私は大瀬さんを通じてその場に招かれたのです。そこには田中委員長の姿もありました。皆さんに会えて本当に感激でした。学食で盛り上がり、二次会では御茶ノ水駅近くでまた乾杯！　田中委員長にご馳走になりました。

感無量の喜びを味わえた、平成十四年十月でした。

結婚を考える糸口

多忙に暮らす私の元に、じわじわと結婚の話を推し進めてくる小田島温善さん。「結婚してからも夜学に通ってもいいよ」とも言われました。会社の社長さんが、広島の両親に手紙を書かれたことも知らされました。

両親からは、「本人の意思に任せます」との返信だったそうです。

小田島温善さんとは、今まで一度も一緒に外食したこともなく、何かプレゼントらしき品ももらったこともなく、私は、この人と結婚するの？　と私自身の心に問い掛けていたのです。それは、彼が高等小学校までの学歴だったからでした。働き者で几帳面、悪気のない、いい人には思えたのですが。

二十三歳の娘、世間的には結婚適齢期です。中学時代の同級生だった前川君から突然求婚の手紙が届きました。

「結婚相手が決まりそうなんだが、出来ることなら、君と結婚したい」と。

私は、「働きながら夜学に通う東京での生活は決して楽ではありません。結婚なんて考えたことありません。今、頑張っている最中です。どうか、お話のある方とご結婚されて、幸せになってください」と、返事を出しました。

その後、何年間かに一度、クラス会でお会いするのですが、アッ、前川君が参加している、と思う程度で、お互いに近づいて近況を話すこともなく、他の学友と同じ雰囲気で過ごし、さよならしていました。

中学を卒業して、六十年以上経過した平成二十六年四月、前川君から電話を頂きました。

「元気か？　何かあると不思議にアンタのことを思い出すんや、今でもナ。手を握ったこともないし、べッピンさんでもないのにナ。どうしてやろう？」

私は噴き出しました。

「前川君、それを言っちゃあ駄目でしょう。今度のクラス会でお会いし、ジックリしんみり語りましょうよ。ぜひご出席を！」

私は前川君の初恋の女の子だったのかナ？

気持ち的にはうれしいです。ニヤッと笑ってありがとう。

大学からの帰り、御茶ノ水駅から新宿駅までの中央線電車で、たまたま乗り合わせた先輩の斉藤君が、「ボクと付き合ってくれませんか」と、小さな声でプロポーズ。咄嗟に私は、「あのー、今、私には結婚の話があり、決めてはいませんが、考え中なんです」と、それだけの会話でしたが、その斉藤君との会話が、私の背中をドーンと押してくれたのか、小田島温善さんとの結婚を真剣に考えるようになりました。

①私は大学を卒業したら、婦人雑誌記者になりたいと思っていた。それで幸せになれるだろうか？　幸せとは何だろう。

②大学を卒業したら、結婚しない女になりそうだ。結婚して子供を産み、母親となってこそ一人前の人間とも思える。

③長年の貧困生活から脱出出来そう。

④小田島温善さんが大学卒ならいいのにな。

決断した理由は、③でした。

私のわがまま、結婚後も仕事と夜学生生活を続けたい気持ちを了解し、「協力するヨ」と言ってくださった小田島温善さんに促され、早速二人で、社長ご夫婦に挨拶に行き、会社の皆様にも快く迎えて頂き、着の身着のまま、嫁がせて頂く運びとなりました。

結婚式は渋谷の東郷神社。社長ご夫妻が仲人を務めてくださいました。夫のお母さんはすでに他界されていて、お父さんが新潟県糸魚川市から出かけて来てくださいました。初めてお会いし、

「今日からお父さんと呼ばせて頂けることを大変うれしく思っております。末永くよろしくお願いします」

結婚写真

と挨拶させて頂いたお父さんも、一年後に他界されて、二度とお目にかかることもなく、親孝行も出来なくなって残念に思いました。

結婚式には、夫の会社の同僚八名と私の勤務先金文社の社長さん、前日まで一緒に暮らしていた沖田孝子さんの他に、私の母と兄（父の代理）が広島から来てくれました。

新郎新婦を含めて十七名の記念写真を手にし、懐かしく見つめていると、今この地球上で、老体に鞭打ちながら頑張って生活しているのは、小谷孝子さん（旧姓沖田孝子さん。結婚されて姓が変わった）と私の二人だけです。青空に向かって、皆さんに手を振りたい気持ちです。

第三章　新たなる挑戦

新生活

アパートからアパートに身を転じただけの花嫁さん。私の第二の人生がスタートしました。

夫は新潟県からの上京以来、東方工業に勤務し、社員寮で生活していました。毎月、給料の中から小遣い（酒、タバコ代）を渡され、住居費、食費を引かれ、残金は、社長の奥さんが銀行預金をしてくださる形で管理されていたのです。

お金が必要な時は、必要な分だけ渡してもらえるので困ることはなかったのですが、窮屈な思いはあったそうです。

小田島家婚礼用入費控えを最後に、長年の預金の精算がありました。改めて、小田島温善名義の銀行通帳を作り、ゆとりある生活感を、私は生まれて初めて味わいました。夫と幸せに生きていけると思いました。

「お互いに頑張ろうね」と手を握り、毎朝同じ時間にアパートを出て、お互いの仕事に向かう日々。今まで通り、夜学にも通いました。

そんな折、子供が出来たのです！　妊娠の兆候があり、学校はさぼりつつ自然消滅。四年生への進級は出来ませんでした。職場にも退職願いを提出し、平凡な主婦生活に入りました。

生まれてくる赤ちゃんのために、まずオム

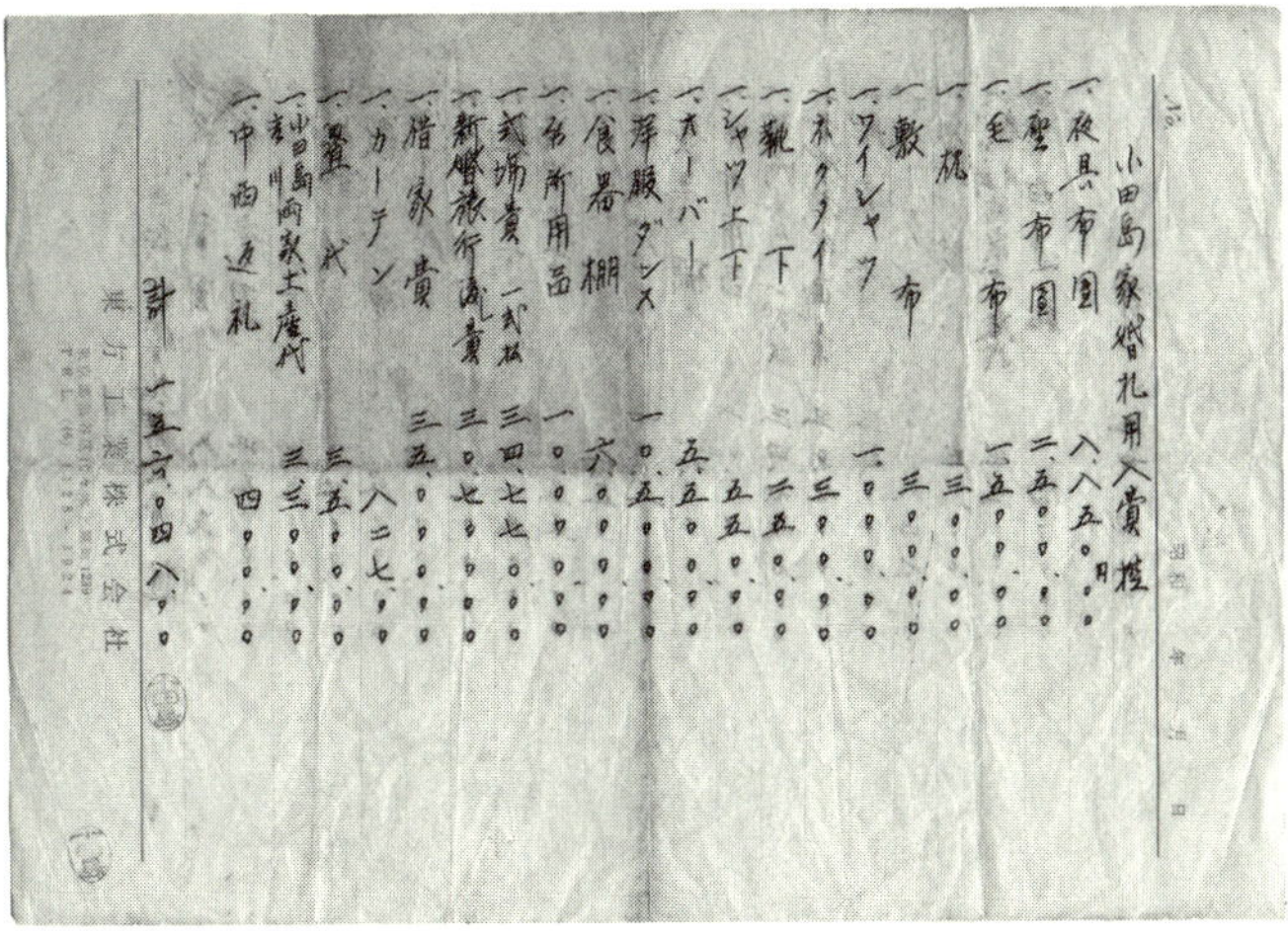
小田島家婚礼用入費控
一、夜具布団　八八五〇〇〇
一、座布団　二五〇〇〇〇
一、毛布　一五〇〇〇〇
一、枕　三〇〇〇〇
一、敷布　三〇〇〇〇
一、ワイシャツ　一〇〇〇〇
一、ネクタイ　三〇〇〇〇
一、靴下　二五〇〇〇
一、シャツ上下　五五〇〇〇
一、オーバー　五五〇〇〇〇
一、洋服ダンス　一〇五〇〇〇〇
一、食器棚　六〇〇〇〇〇
一、台所用品　一〇〇〇〇〇
一、式場費　一式払　三四七七〇〇
一、新婚旅行諸費　三〇七〇〇〇
一、借家費　三五〇〇〇〇
一、カーテン　八二七〇〇
一、畳代　三五〇〇〇
一、小田島吉川両家土産代　三三〇〇〇
一、中西返礼　四〇〇〇〇
計　一五六〇四八〇〇
東方工業株式会社

婚礼用入費控え

ッ作りから始めなくてはなりません。今まで、針と糸を使ったのは洋服の綻びを縫う時と、ボタンの取り付けだけでした。

まずはミシンを買い、私が寝巻きに使っていた浴衣をほぐし、アイロンをかけ、長さ六十センチくらいの輪になったオムツを縫い上げました。お腹が大きくなりつつある妊婦さんには、周囲の方々が古い浴衣を「オムツにどうぞ」と持って来てくださるのです。

三十枚のオムツを用意することが出来ました。一回の使用に三枚のオムツを使います。二枚を重ねて横に、一枚を二つ折りにして縦に使用して、その上からオムツカバーを当てるのです。

当時は、まだパジャマと呼ぶ寝衣はなく、床に入る時は、子供から大人まで浴衣でした。着古した浴衣は肌ざわりも良く、赤ちゃんのオムツには最適でした。

日本全国どこのご家庭でも、竿に干されたオムツがゆらゆら風に舞っていた記憶があるかと思います。

家を買う

昭和三十七年の夏は猛暑で水不足、時間制限の断水もあったように記憶しています。一般家庭で、まだクーラーを使用する時代でもなく、扇風機を頼りに、大きく育っていくお腹をなでながらの日々でした。

そんなある日、新聞の折込みチラシに目が留まりました。さっそく夫と相談、会社の盆休みに、そのチラシを持って、小田急線相模大野駅に出向きました。池上木材という会社が建て売り住宅を販売していたのです。

駅前から会社の車で現地案内され、価格の安い訳がわかりました。農家の畑を整地しただけの敷地に、同じ建物がずらり。数百軒はあったかと思います。

玄関のドアを開けると右に流し台、左にお手洗いと風呂場、正面の部屋が四畳半の和室に押入れ、その奥に六畳の和室。敷地面積が三十坪で、総価格が八十五万円。

いったん駅前に戻り、喫茶店でカキ氷を食べながら、私は積極的に買う方向で意見を出し、夫が同意したような決断でした。

私達と入れ違いにお客さんを現地案内に向かった車が駅に帰って来たので、「先ほど案内して頂いた家を買うことにします」と申し出たところ、「次の方が買われることになりました」との返事でした。

では？　ということで、現地には引き返さず、他の家を図面だけの説明で仮契約しました。その時、夫の財布の中身が三千円だったので、二千円で仮契約を済ませ、そのままアパートには帰らず、社長宅に向かいました。

今日一日の報告をすると、奥様が社長に向かって大きな声で、「やっちゃんが建売り住宅を買うことにしたそうなので、なんとか力になってやってくださいよ」と、頼んでくださいました。

私達は貯金で頭金を支払い、残金を会社関係の銀行ローンを組むことで話はスムーズに完了しました。生まれてくる子のために、万全の準備が出来ました。

二　児の子育て

まもなく、待望の子供が誕生しました。
氏名　小田島賢《さとし》
生年月日　昭和三十七年十月二日
身長　四十九センチ
体重　二千九百グラム
親子三人で幸せに暮らせる安住の地、相模原市に移転して来たのは、十一月十四日。風の吹く寒い日でした。
周囲には、買い物が出来る店は一軒もなく、自転車で笛を吹きながらやって来る豆腐屋さん、大根や白菜は、農家のおじさんがリヤカーで売りに来てくれました。一番助かったのは、町田から週一回スーパーマーケットのマイクロバスの送迎があり、買い物が出来たことです。

夫はぬかるみの道を、革靴では家を出ることが出来ず、長靴で駅まで行き、駅前の商店と商店の狭い間に革靴を置かせてもらい、それに履き替えていました。

生活に不便を感じたのはほんの少しの間で、雑貨店、酒店、精肉店、青果店、美容院、理髪店、鮮魚店、パン店と、瞬く間ににぎやかな商店が立ち並ぶようになると同時に、周辺にはどんどん住宅が広がっていきました。

私達の家の前にはまだ畑が広がっていました。畑の向こうには松林があり、息子は幼い頃、「小鳥さんがサトシちゃん、サトシちゃんと呼んでいるよ」と、天真爛漫に飛び跳ねていた情景が鮮明に蘇ってきます。

サトシちゃんが誠心幼稚園、二年保育で入園する朝、母親である私が鼻歌の如く自然に口ずさんだ短歌。

すこやかに　育得し背子の　入園日　はずむ心に　春雨の音

次男誕生。

氏名　小田島　篤《あつし》

生年月日　昭和四十年七月八日
身長　五十センチ
体重　三千九百四十グラム
髪の毛はフサフサで、顔はでっぷり肉付きが良く、可愛い赤ちゃんが生まれた、というより、オッサン！　と声を掛けたいような赤ん坊でした。この子には可愛らしいベビー服や帽子でカバーしながら育てよう、と感じたほどでした。
だんだんと全身のバランスも整い、オッサンではなく可愛いアッちゃんに成長していく三歳の頃、近所に元気のいいカオルちゃんという女の子がいて、「アッちゃん遊ぼう！」と、たびたび声を掛けてくれました。次男は喜んで外に飛び出していくものの、カオルちゃんを先頭に走り行く数人の子供達にはとても追いつくことが出来ず泣いていています。そこへカオルちゃんが引き返して来て、
「アッちゃんがぐずぐずしているからだよ！」と言いながら、手を引っ張って仲間に入れてくれます。
元気に遊ぶ子供達のにぎやかな声が、夕日と共に静かに沈んでいきます。あの頃は、

思い出せば懐かしい二児の母親でした。

美容院開業

次男が長男と同じ誠心幼稚園に入園手続きをする頃、私は、玉川大学通信教育学部で教職の資格を取得したいと考えていました。けれど、子育てしながらの教職勤務は無理だろう……とあきらめ、家庭で出来る仕事、美容師を目指して国際文化理容美容専門学校通信教育課程美容科に入学しました。

美容師になるための通信教育とは、私の場合、国際文化理容美容専門学校（東京・渋谷）に入学手続きを取り、入学を許可されて、入学金を支払いました。その後、教科書と問題用紙が自宅に郵送されてきました。教科書を読み、問題用紙に解答し、学校に返送するのです。七十点以上が合格。二年間の通信課程で十六教科の自習です。

各教科と問題に対する点数は次の通りでした。幸い、私はストレートで合格出来ました。

【教科目】	【提出日】	【点数】
社会Ⅰ	S44・12・25	97
衛生法規Ⅰ	S45・1・10	92
美容理論Ⅰ	S45・1・25	98
衛生法規Ⅱ	S45・3・3	90
生理解剖学Ⅰ	S45・3・25	84
生理解剖学Ⅱ	S45・5・25	98
皮膚科学Ⅰ	S45・6・30	90
美容理論Ⅱ	S45・7・10	99
皮膚科学Ⅱ	S45・8・5	92
伝染病学	S45・10・25	95
消毒法	S45・11・30	100
社会Ⅱ	S45・12・15	73
公衆衛生学Ⅰ	S46・1・20	80
公衆衛生学Ⅱ	S46・4・25	77
物理、化学Ⅰ	S46・6・15	72
物理、化学Ⅱ	S46・6・30	88

私は近所の美容院に「バイト代は不要です。勉強のために働かせてください」と言って、働くというより教えて頂きたい気持ちで頭を下げてお願いしました。さらに家事と子育て、次男が入園した幼稚園では父母会の副会長の大役を受け、多忙な生活の中での勉強は、夜中、床の中でした。

昭和四十五年八月と四十六年八月、二週間のスクーリングに通学が必要でした。長男が小学校三年生、次男が幼稚園年長組、二人の子供を放ったらかしにすることも出来ず、考えに考えた末、広島から従姉妹の美智子に来てもらい、大助かりでした。当時、美智子は高校生だったと思います。小柄な体型で、物静かな女の子でした。私は朝七時に家を出て、帰宅は十七時頃でした。

ある日、私が帰宅すると、美智子がニヤニヤ笑いながら、「今日アッちゃん（次男）から、美智子ご飯たくさん食べないと、大きくなれないよ、と言われちゃった」。私は爆笑しました。

勝手気ままに出入りさせてくださった美容院の先生や美智子に助けられて、二年間の通信教育課程と、一年間のインターン修業の後、国家試験に合格しました。

美容師としてはまだまだ技術は未熟、しかし、着付けの資格、管理美容師の資格、準講師証などを取得し、初心を忘れず自宅での美容院「ビューティ・オダ」開業にこぎつけました。

昭和四十八年六月一日、三十四歳の時でした。美容師募集では、三越デパートの中で営業されている有名な美容室で長年働かれていた経験豊かな岡敬子さんに助けて頂くことができました。

三年後に相模台店、その二年後に相模大野駅前店をオープンさせました。その頃は、私は技術者ではなく、経営者として働くようになっていました。

また、毎月第二火曜日に、無理をしないで都合のつく美容師数名で、ボランティア活動の一環として、老人ホームにヘアカットに出向いた時期もありました。ホームのおばあち

美容院スタッフ高橋真理さんが描いた著者の似顔絵

ゃん達に喜んで頂くだけの目的ではなく、若い美容師達に、人と人との心の交流、親切、喜びを味わい、人間として成長してほしいと思っていました。カットのボランティア活動が終わると、必ず近くのファミリーレストランで楽しく食事をして、お互いにご苦労さん、と言葉を交わしながら解散していました。

一方の幼稚園の父母会では、園長先生ご夫妻を含め、とても良いチームワークで、幼稚園の年間行事を遂行出来たと思います。

運動会開催については、狭いグラウンドで、おじいちゃん、おばあちゃん、両親や兄姉達が重なるように立ち見の応援。孫や我が子の走ったり、踊ったりする姿を見つけるのが困難だった状況（長男の時の体験）をお話しして、小学校のグラウンドを借りての運動会開催を提案させて頂きました。

園長先生は、「借りられるのなら、それもよいでしょう」と言ってくださいましたので、幼稚園から一番近い大沼小学校のグラウンドをお借りすることが出来ました。

青空の下、広々としたグラウンドで楽しい楽しい大運動会が開催されたのです。以来、四十数年、小学校のグラウンドを借りての運動会が続いています。

昨年（平成二十五年）の秋、私は孫の運動会で、九十歳になられた園長先生にお目にかかり、ジジ、ババ競技に参加して一汗かき、大満足の一日でした。

市議会議員に立候補

五年間で三店舗の美容院を開店させながら、
・誠心幼稚園ＰＴＡ副会長
・大沼小学校ＰＴＡ副会長
・相模原市小中学校ＰＴＡ連合会、会計
・大野南中ＰＴＡ会計監査
・県立相模原高校ＰＴＡ広報委員

・県立橋本高校ＰＴＡ広報委員

と、推薦されるまま、子供の通う学校のお手伝いを続けているうち、周囲の仲間から、相模原市議会に立候補してはどうかという話が持ち込まれたのです。再三辞退しながらも、「女性が立ち上がる時代だよ」という強い言葉に促され、立候補を決意しました。

私に強い言葉をくださった後援会長の故小澤広登さんが会報に記してくださった文章です。

「政治に女性代表を

後援会長　小澤 広登さん

私と小田島さんとの出会いは、数年前、感激して聞いた中で、戦後お父さんはシベリアに抑留され、お母さんが女手一つで四人の子供を育て、非常に苦しい時代に小学校に入学し、妹を連れて学校に通い子守りをしながら勉強をしていたということです。

勿論当時は、誰でも苦しい生活をしいられたわけですが、周囲の生徒も先生も皆が協力して学業を修める事ができたそうです。

働きながら高校、大学と進み、途中、NHK青年の主張に出るなど充実した青春時代を送ったとも聞いております。

小田島さんとのつき合いの中で、いつも感ずる事は、彼女は助け合いの心を持ち、人に寛大で、人との出会いを大切にし、非常に正義感の強い人で、しかも、他人の悪口を言わない心の豊かな人だと感心しております。

今日、高齢化社会の到来という言葉を耳にしますが、今までの時代とは異なった大変な時代がやって来ます。若い皆様が一丸となって助け合い、頑張らなければ乗り切れない時代が来ます。政治の中にも新しい感覚と若いエネルギーを持った人達がどんどん進出しなければならないと思います。殊に金権汚職政治を一掃するために、清潔で公平な人格の持ち主を政界に出さなければなりません。人口の二分の一以上を占め、生活を守っている女性の代表がなぜ議会に出て来ないのか、世の中を明るく政治を浄化する為に、今ほど女性の代表を必要とする時代はないと思います。小田島に対する尚一層の御後援を心よりお願い申し上げます」

さらに会報には、支援者の方々からも、期待の言葉が寄せられました。その中のいくつかをご紹介します。

「論議して欲しい真の福祉への対応

吉中 とも子さん

実は小田島さんとは、やはり（地方）政治活動がご縁で今日まで親しくつき合ってきた間柄です。

現在、私は福祉関係の仕事にたずさわっておりますが、現実を直視した時、福祉そのもののあり方を再検討する必要もあるように感じます。

具体的には切り捨てていい部分と、さらに手厚く考えていかなければならない部分とが、今、問われているように考えます。したがって、真の福祉の追及という問題も政治の場で論議して欲しい。小田島さんの活躍の場はそんな点にもあると思います」

「やってくれる人

故一政美佐子さん

小田島さんとは、子供が小学校三年生の頃から共に活動してきた仲間です。以来もう十年余のおつき合いですが、地方政治をめざす今回の行動は、当然の選択といってもいいと思います。特に市会は小さな声をすくい上げていくことにあると思いますし、その意味でも小田島さんは、やってくれる人と期待しています」

「働く女性の味方！

井相田　貞明さん

私どもは健康づくりにスポーツクラブを通して親睦の輪を広げているが、そんな中に入って見えたのが小田島さんでした。飾り気のない人柄、ひたむきな努力を続けてきた小田島さんは、女性のみならず、男性として特に魅力を感じます。多くの女性の味方として、働く主婦の悩み事や職場進出にあたっての適切なアドバイスなど、必要あらば、こうした日常生活に横たわる諸問題も、地方政治の場で解決をしなければならない課題もいっぱいあります。道路下水道の整備といった問題に偏ることなく、むしろ小田島さんには文字通り、心の通い合う地域社会の実現――こんな角度で、つまり大衆の心をとらえた活動を期待しているんです」

また、私が小学五年生の時の担任であった住永先生からも手紙を頂きました。

「昨年のクラス会で久し振りに出会い、種々御高見を拝聴して、びっくり致しました。来春には市議会議員の選挙に立候補なさいますとの事、全く驚き入りました。私も永い教員生活を続けてきましたが、教え子の女性が立候補すると言う事は、初めてでございます。

末に女性が男性に比べて低位にあるかの如き風潮の中に厳然として政界に入られるご奮闘なさいますことは、誠に有意義なことで、心からお慶び申し上げます。是非是非ご当選なさいまして、女性の地位向上のためにご活躍なさいますよう、お祈り申し上げます」

このように多くの方から激励の言葉を頂き、私の心は奮い立ちました。

後援会は、次のようなスタンスで発足しました。

「女性の生の声を市政に、相模原の明日を語らう女性の会

小田島やすえ後援会連絡事務所

会の心

今日一日怒らず怖れず悲しまず

正直親切愉快に力と勇気と信念を持って

自己の人生に対する責務を果たし、

常に平和と愛とを失わざる立派な人間として

生きることを厳かな誓とする」

そして、昭和五十六年六月十三日、「小田島やすえ後援会」設立総会が開催され、大勢の方が参加してくださいました。

私は、「さあ、これからだ」と腹をすえ、総会にのぞみました。総会では、次のよ

うな挨拶をしました。

「本日は私のためにお忙しい中を多数の皆様がご出席して頂きまして、誠にありがとうございます。

私が生まれましたのは広島県の奥深い山村で、新鮮な空気と青々と澄み切った空が懐かしく思い出されます。

私が四歳の時、父は戦争に行き、年老いた祖母と幼い私達兄妹四人を抱えた母の苦しげな姿は、今も私の心に強く焼きついております。

悲惨な生活の中で育てられた私は、いつの頃からか、努力という二文字を愛し、頑張るという姿勢が身についてきました。

高校は定時制に進み、昼間の仕事で疲れた体を引きずるように校門をくぐると、原爆で父親や母親、家までも失ってしまった気の毒な友達がたくさんいました。私なんかまだましだ！　と、自らを叱咤激励することも出来ました。大学はやむを得ず中退しましたが、結婚という幸せにめぐり逢えました。

二人の子供を育てながら、地域で開設された婦人学級に参加しました。

地域における婦人の役割、老後の問題などを学習したことがきっかけとなって、三十四歳という年齢で美容師の資格を取りました。

現在、美容技術を生かし、働く女性として、主婦として、母親として力いっぱい生きておりますが、女性であるが故の難しい問題がたくさんございます。

先日のこと、ご挨拶にと思って伺ったある自治会の役員さんが、私に向かって『女ごとき者に何が出来ますか？　およしなさい』と、言われました。女だからこそ出来ることが世の中には数多くございます。特に地方政治の中へ女性の声を加えていくことは、今や絶対必要条件だと考えます。

戦後、日本の女性も選挙に参加することが出来るようになりましたが、私達が住んでいる相模原市の市議会議員を垣間見てもわかります通り、女性議員は組織票のある女性がただ一人です。

なぜでしょうか？

女ごとき者に……と言って、ののしられてばかりはいられません。

たとえ一歩でも二歩でも、今日から明日へとお互いに語らい合い、手をたずさえて、社会のあらゆる分野に、女性が進出していく分野を推し進めなければいけない時代が来ております。

隣からお隣さんへと、たとえどんなに小さな問題でもキメ細かく、男でもなく、女でもなく、人間としての心を大切にした地方行政参加に私の生涯を賭けて、悔いない覚悟でございます。

皆様のご理解と限りないご後援をよろしくお願い申し上げます」

告示から投票日へ

朝一番、必勝の鉢巻きを締め、応援隊数名と、小田急線相模大野駅ホームの通勤者にマイクを向けて、大声で「おだじまやすえ」の名前を繰り返し叫び、社会福祉問題や女性の地位向上を訴えるのですが、内容をじっくり聞いて頂ける環境とは思えませんでした。しかし、駅前に立つことは、選挙戦では必要と言われていました。

日中は選挙カーの窓から手を振り、夜は知人の紹介で戸別訪問。僅かな睡眠時間も削って頑張りぬいたつもりでしたが、結果は落選でした。同じ自治会にお住まいだったK氏が過去数回立候補して落選続きだったので、私に、「今回は出馬しませんから、どうぞ」と言っておきながら、土壇場で出馬し、地元の票が分散し、共倒れに至ったことに悔しさを感じました。勿論、私の力不足を認めての悔しさも感じました。

当選は天国、落選は地獄。地獄の穴に落ち込んだ私は、自分を本気で支援、応援してくださった皆さんに、本当に申し訳なく、首筋の力がなくなり、頭が下がったまま、全身がぶるぶる震えました。背中が少しずつ前屈みになり、石のように固まりそうでした。

夫は会社勤務を調整しながら、後援会の皆さんに配慮と感謝の気持ちを示し、快く協力してくれたと思います。

長男の賢は、全く近寄りませんでした。次男の篤は、当時高校二年生でしたが、ポスティングからポスター貼り、事務所の手伝いなど、最初から最後までよく協力してくれていました。事務所の後片付けもほぼ終わった頃、
「お母さん、次の選挙で頑張るといいよ。その時は僕も選挙権があるし」
と、慰めと言うか、励ましと言うか、金の言葉を掛けてくれました。が、もう選挙に関わる全ての思いは完了していたのです。

整体師への道

本業の仕事、美容師の生活に戻ろうとして感じたことは、「ビューティ・オダ」の三店舗に、もはや私を必要とする場所がないと思うほど、経営は順調に成り立っていました。

若松店長　　友村加代子さん

相模台店長　大沢京子さん

相模大野店長　金丸貴善さん

私の年齢も四十五歳という人生の折り返し点。階段の上り下りに膝がチクチク痛み、常に肩こりを感じ、右腕はシビレを感じて、全身ボロボロに疲れていたので、ちょっと一休みのつもりで接骨院に通い始めました。

その接骨院の先生から、

「美容師を続けている限り、この腕のシビレや痛みは治らないよ」

と、言われたのがきっかけとなり、私自身の五年後、十年後の生活のあり方を考えるようになりました。今さら医師になることは出来ませんが、身体の勉強をしてみたいと考えるようになりました。

整体師の小倉先生に相談して、国際カイロプラティクカレッジ・ナショナル整体専門学院を紹介して頂き、入学を決意しました。

朝、自宅を七時に出て、帰宅は夕方六時頃。夫や息子達に気遣う時間帯でもなく、経済的な心配もなく、思い切り学べる幸せを初体験しました。往復の電車の中で教科書を読んだり、授業中に熱心にノートを取りました。

学院長の永井康雄先生が『APT環椎骨盤矯正法』という整体技術の本を出版される時、私に「ノートを貸してくれ」と言われたこともありました。

その後、学院で授業を担当するようにと言われて、少しの間ですが、学院の講師を経験したことが、私の老後に向けての生活設計の大きな支えとなりました。

美容院譲渡

若松店は「ビューティ・オダ」のまま、加藤美知子さんが引き受け、相模台店は関口朋美さんが引き受け、結婚して、ご主人の赤石君と共に「タカシ美容室」と店名を変更し、双方とも現在繁盛店として存続していることを、私としてはうれしく思っています。

相模大野店は、当時、駅前周辺の区画整理問題があり、閉店に至りました。店長の金丸君は、自分の力で町田市内に立派な大型美容室を開店し、従業員の育成に特に努力されていました。夜遅くまで勉強会を実施、成瀬駅まで従業員を送り、自宅に向かう途中、街路樹に激突、交通事故死を知らされた時の私は胸が張り裂けんばかりの衝撃を受けました。

ご両親とお墓参りをさせて頂き、また、友人の山中千賀子さん、中村美代子さんとも一緒にお墓に参り、何度も何度も名前を呼び、声を掛けましたね。

相模川を渡った小高い山の上に眠っている金丸君の墓石を偲び、今こうして書いていても目頭が濡れてきます。

「ビューティ・オダ」の美容師だった大勢の皆さん、ありがとう。

整体院開業

駅周辺の区画整理も終わり、素敵な街と化した相模大野駅近くに整体院をオープンしたのは、私が五十五歳の時でした。平成五年八月一日です。

同じ整体学院で学んだＩ先生が、年金受給資格六十歳になるまで、という約束で、お力を借りることが出来ました。その他の男性整体師三名で予定表を作り、年中無休の頑張りでした。

加えて、地元広報誌のタウンニュース社のご協力を頂き、毎月一名のお客様（お名前と顔写真入り）の記事を連載してもらったことで、当院の安定と発展がありました。

タウンニュース社の了解を得て、当時のままの掲載原稿から数名様の記事を、懐かしく思いながらここに記させて頂きます。

「あいロード若松商店街振興会

理事長　福本 明世さん

平成十三年六月頃だったと記憶していますが、頭痛、めまい、腰痛で、我慢に限界を感じ、ある脳神経外科医に行き検査を受けました。その結果、お医者さんからは、特に問題はなく、肩こりからではないか？　と診断されました。早速、わが『あいロード商店街』に空き店舗対策で開店したバランス整体院に予約を入れました。院長の小田島さんは、『こりがひどいですネ』と言葉やさしく、腕力はグイグイと肩に迫り……痛い！　そのうち心地よくなり、『痛くないんだけど、手抜きしていない？』と冗談が言えるほどに全身が楽になった時のことを思い出しています。地域社会の皆さまは勿論のこと、私たち商店街で働く者は、商売の合間に駆け込めて、本当に便利で助かっています。バランス整体院の今後益々のご発展をお祈り申し上げます」

「体が健康であることの大切さを痛感させられた

佐藤　昭子さん

踵を床にたたきつけて激しくステップする東ヨーロッパの民族舞踏に二十年近くのめり込んできた活動的な佐藤さん。『一時は、もう踊れないのでは？』と真っ暗な気持ちに陥ったそうです。左足首に突然強烈な痛みが走ったので、すぐに整形外科へ行くと、内くるぶしの捻挫との診断でした。サポーターで足を固定し、薬を朝晩飲み続けましたが、痛みは一向に治らず、家の中でも足を引きずりながら歩くのがやっとで、階段は這いずって上ったほど。二、三軒治療院を渡り歩きましたが、効果は現れませんでした。たまたまバランス整体院（小田島）院長を知り、施術を受けてみることに。

小田島院長によれば、『ひどい骨盤のズレがあり、大腿骨頭や膝関節、足首の骨格矯正を行った』とのこと。正直、効果を期待していなかったと言う佐藤さん、施術を受けてびっくり。『あんなに辛かった痛みが消えて、足を床についた途端、こんなのってあるの？　と思うほど嬉しかった』と話してくれました。体が健康であることの大切さを痛感したそうです」

「ガンと闘い、元気と明るさを取り戻す

澤田 幸子さん

元気と健康が自慢だった澤田さんが、ガンに侵されていると知ったのは六十歳の時だった。抗ガン治療すると、たくさんの水分補給が必要になるため、むくみ、吐き気、だるさに襲われる。抗ガン剤の副作用で髪の毛もどんどん抜けおちてしまう。入退院を繰り返す日々が続いた。そんな澤田さんがバランス整体院で整体を受け、血行を良くしてリンパ活動が活発になれば、悩んでいる〝むくみ〟に効果があるのではないか、と思ったからだ。『すべてを話し、週一回ペースで通い続けると楽になったんです。帰り道、足取りが軽いんですよ。それと、先生には体だけでなく精神的にも随分励まされました』。抗ガン治療も終わり、すっかり元気になった澤田さん。病院も二ヵ月に一回の通院で済んでいるという。『今では大病人であったとは思えない』と知人に驚かれるほど。先週もビューティ・オダとバランス整体院の御客様五十四名で、山梨県にバス旅行を楽しんだばかり。バランス整体院の小田島先生は、『帰りのバスの中で、

女性のきれいな歌声が聞こえてくるので振り向くと、澤田さんが〝しのび川〟を歌われていた。その歌詞に胸がジーンとするのを覚えました。奥歯をかみしめ、笑えないうれしさ、これもまた最高の人生感でしたネ』とのコメント」

「世界的演奏家〝国際親善の味〟

カルロス・オブノさん

タンゴ界で世界的に有名なカルロス・オブノさん。演奏家として、また音楽監督として、世界中を飛び回る日々。そんなカルロスさんが『バランス整体院』を訪れたのは、日本全国ツアーのはじめの頃、相模大野グリーンホールでの昼間の公演が始まるにもかかわらず、カルロスさんは、まるで〝ロボット〟のようにギクシャク歩いていた。通訳が尋ねると、『腰痛』とのこと。とりあえず携帯カイロを腰に貼って舞台に立った。夜の部の公演が始まる前、短い時間をぬって『バランス整体院』に予約が入った。その時のことを小田島院長は『それはそれはとても緊張しましたよ。まず会話ができない。でも同じ人間の体だ、と思い気合を入れて、約五十分の施術が終わると、ベッドから立ち上がったカルロスさんは、ステップを踏んで陽気に踊りながら、『あなたの手は〝黄金の手〟だ、アルゼンチンに連れて帰りたい』と通訳を通しての喜び。小田島院長も『ありがとう』と。

お互いに会話はできないものの、心での通じ合える笑みが生じ、その後、予定通り全国各地を回り、帰国前日、通訳の方からお礼の電話があったそうです」

忘れられない面白い話もあります。二年ほど前のある日、大学医学部に勤務中の知人から、「同僚が動物実験中に麻酔から目覚めたブタが暴れだし、それを取り押さえたとたん、ギックリ腰になり動けなくなっちゃったのよォー」と予約の電話が入り、電話の向こうとこちらで大爆笑しました。その時のお客様（高城さん）が一年半くらいのちに再来院。

私が「その後のご体調を心配していたのですが」と話し掛けると、高城さんは、「あの時、腰も良くなりましたが、普段から、首や肩が痛かったのも一緒に治りました」とのお言葉。「ありがとうございます」とお答えしたのは私の方です。

このように、お客様が元気を取り戻して、笑顔で「楽になった」と喜ばれるのを見ると、私も元気になります。まだまだリタイアできないな、と思いつつ、もう歳ですからね。

幸い、長男の嫁である麻ちゃんが後継者を目指して頑張っていますが、子育ての真っ最中（幼稚園児と小学四年生）。家庭と仕事がハーフハーフになるにも、あと数年はかかるでしょう。

第四章　平成二十六年度、家族の誕生会

私の誕生会

我が家では、毎年家族の誕生会を続けて行っています。平成二十六年の年が明けて、まずは一月生まれの私からスタート。誕生会は、一月十二日（日曜日）に決まりました。

一月十日の早朝、雨戸を開けながら、七十五年という長い年月の苦楽を思いながら、「よくぞ元気で生きて来られたもんだなァ」とひとり言。毎年一月十日の誕生日に思い出すのが、母の言葉です。

「オマエが生まれたのは、昭和十三年十二月十七日なんだよ。よく覚えておけ。大雪

でのォ。役場に出生届を出しに行かれんじゃろうけん、明けて一月十日に生まれたように書いとくけん、ゆっくり寝ときんさい、と助産婦さんの思いやりだった。兎年ではなく寅年よ」

「お祝いの会食はどこがいい？」と二人の嫁。麻ちゃんとかおるちゃんに問われたので、私はどこでも結構よ、との返事に、昨年と同じ居酒屋に決定。あまり広くないお店なので、事前に八名の予約をお願いしたようです。

さっそく居酒屋のお嫁さんが、私に豪華なケーキを届けてくださり、うれしく頂戴しました。

当日は家族全員揃い、生ビールのジョッキ片手に、声高らかに「おめでとう」のお祝いの気持ちを頂きました。

居酒屋のママさんも、一月十日がお誕生日と伺っていましたので、「何年生まれ？」と尋ねたら、お口が堅くて……。でも、おおよその見当はつきますよ。

会の終わりに、麻ちゃんとかおるちゃんが、ママさんと私に花束を贈ってくれました。

家に帰って花束を仏壇に供え、「きれいなお花でしょ」と、ひと声掛けて両手を合わせ、命ある幸せをかみしめました。

毎日、水を取り替え、枯れゆく一輪一葉をハサミで切り除き、最後の一輪に未練を感じながらゴミ箱に片付けたのが、二月十五日。長持ちした、きれいな誕生花でした。

かおるちゃんの誕生会

三月四日は次男篤の嫁、かおるちゃんの誕生日です。本人が、「お母さんの家がいい」と希望したので、私の手料理の手巻き寿司を作りました。その他、野菜サラダの大盛り、酢の物をお膳に並べ、みんなが集いました。

ケーキは麻ちゃんが準備。ロウソクは四十本をカットして、八本の炎がピカピカ。

「ハッピーバースデイ、かおるちゃん」の手拍子、合唱が終わって部屋の灯がついたその時、突然「今晩は！」との来客。相模原市議会議員の鈴木秀成さんでした。たまに、立ち寄ってくださるのです。

麻ちゃんがお皿を八枚並べて、ケーキを切り分けるのに考え込んでいる姿をチラッと見た秀成さんが、「ボク、大きいケーキを今すぐ買いに行ってきますよ」とありがたいお言葉を頂戴いたしましたが、私が「いいの、我が家ではいつも、こんな小さなケーキをみんなで少しずつ食べているんだから」と説得した途端、秀成さんは爆笑されました。

かおるちゃんは八本のロウソクに童心に返ったようで、ケーキは小さくても楽しそうでした。

私は相手によりけりですが、かおるちゃんを紹介する時に、「うちの鬼嫁です」と言います。相手の方は、ちょっと戸惑いを感じて、とても受け入れられない様子の顔をされますが、かおるちゃんがにっこり微笑んで、「小田島家の鬼嫁です」とご挨拶すると、相手の方がホッとされます。最近では、かおるちゃんに直接、「あら鬼嫁さん、元気！」と、声を掛けてくださる方もいます。

そのかおるちゃんが手紙をくれました。

「かん（おかん＝私のこと）、いつも本当にありがとう!!　樹《たつき》も中学三年になり、少しだけ反抗的態度が減ったかな……と思う今日この頃だけれど、どんな時も変わらない気持ちで見守ってくれてありがとう。樹も心の中では、とても感謝していると思います。小さい頃から、かんは、樹にいろんな経験をさせてくれた。同窓会に連れて行ってくれたり、選挙を身近で見せてくれたり、いろんなタイプの大人に会わせてくれたり……。全部、樹の視野を広めるのに役立っています。私も何だか気持ちがモヤモヤしている時は、かんからパワーをもらい、気持ちを盛り上げているんだよ！　本当に、いつも元気をくれてありがとう。ずっと、ずーっと一緒に一緒にそばにいてね!!　いつか恩返しするから、待っていてね。

かおるより」

この手紙は、なんと仏壇の引き出しから出て来ました。

五月八日、なぜ、私にこの手紙をくれたのか？　さっぱり、わかりません。

でも、ありがとう。

大悟君の誕生会

孫の大悟君は、私の長男・賢の子供です。前々から、「オラの誕生会は焼肉で！」と言っておりましたので、近所の焼肉店「栖」に、三月二十三日（日曜日）午後六時の予約をお願いしておきました。

当日の夕方、大悟君の大好きな篤おじさんから、会社関係にご不幸があり欠席との知らせがあり、少し残念でした。

大悟君が焼肉を「おいしい、おいしい」とパクパク食べていましたが、その勢いが段々低下している様子を見計らって、私が、「みなさん、お腹がいっぱいになりましたか？　かおるちゃんが用意してくれたバースデイケーキが、かんの家でマッテルヨ」

と言ってお会計を済ませて、かんの家に再集合。

「ハッピーバースデイ、大悟君」の合唱が終了。八歳のお誕生日を数日後の三月二十九日に迎える大悟君が、「今日は、ありがとうございました」と、立派なご挨拶を残して帰って行きました。

仏壇の前の大悟君

大悟君と顔を合わせる度に、あの時の状況を思い出し、クスクス笑いたくなります。

大悟君が小学校一年生になったばかりの頃、仏壇の前に座り、じいじ（亡夫）に両手を合わせた後、くるっと振り向き、「かん（私のこと）は死んだら天国に行くの？地獄に行くの？」とのご質問。

「天国だよォー」と、胸を張ってお答えしたかったのですが、「そうだな、地獄の方に連れて行かれるかな？」とお答えしました。

しばらくの間、首をかしげて考えていた大悟君、「かんは、まあまあの人だから仏さんの中に入れるんじゃない」。

私にまあまあ・・・・・・の人と命名してくれてありがとう。私はまあまあの人生を生きて、まあまあの健康で、まあまあの人間です。

大悟君は、まあまあの人では駄目ですよ。しっかり勉強してね。

壮琉ちゃんの誕生会

壮琉ちゃんは大変運が良かった。お誕生日が六月二十九日（日曜日）。前衆議院議員本村賢太郎後援会主催のイベントに家族で参加し、湘南海岸地引き網を楽しんでから、かんの家で誕生祝いを行うことになっていました。

壮琉ちゃんが疲れて帰って来るだろうと思い、お風呂を沸かして待っていましたが、想定外で、疲れなどどこ吹く風とばかり元気いっぱい、ニコニコの笑顔。

かおるおばさんが準備してくれたバースデイケーキ。五本のロウソクの炎をフゥーと勢いよく吹き消しました。

父ちゃん、母ちゃんが、そろそろお帰りの支度を始めると、壮琉ちゃんは部屋のどこかに隠れた様子。

「泊まりたいのなら、泊まっていいよ」と両親から許可をもらった壮琉ちゃんは、母親の運転する車にバイバイと手を振り、かんの家でのお泊まり成功でした。

「かんの家に泊まりたい」と言ってくれる壮琉ちゃんの寝顔をじっと見つめながら、かんも幸せいっぱいでした。

樹君の誕生会

樹君は次男・篤の息子で、私にとっては初孫です。九月十一日のお誕生日が近づいてきたので、樹君のお誕生会を何日にしようかと私が声を掛けたら、思いのほか、「オレはいいよ」と、うるさいと言わんばかりの目つき顔つきでの返事。私も少々むかつき、樹君にせめ寄りました。

「じゃあ、やめようか？　今までみんなの都合を話し合いながら、長年続けてきた家族のお誕生会」

傍でこの会話を聞いていた篤が、「樹、それはないだろう」から始まり、父親としての立場から多々意見を言っていましたが、お互いの意見がだんだんと感情的になり、良い結論に至らないまま、かおるちゃんの運転する車で家族三人は帰って行きました。

車が発進する寸前、窓を開けて樹君が、いつものようにバイバイの手を振ってくれたので、私も安心して床につくことができました。

翌朝、樹君から、「かん、昨日はゴメン」との電話があり、私も、「樹君は、本当にいい孫だと思っているよ。樹君の成長を楽しみに生きているんだからね」と言いました。

結果、八月三十一日（日曜日）、あいロード商店街「ビューティ・オダ」の隣にある居酒屋で、十八歳のお誕生会を済ませました。来春は大学受験、樹君は目指す大学には必ず合格する！　と、私は信じています。

今は受験勉強の真っ最中。一番気にしているのは、樹君の体のこと。アトピーが痒いのではないか。整体で治るものなら治してあげたい。ゆっくりとした時間がほしいよね。

夢への第一歩

樹君は地元の小学校を卒業後、八王子市の山間部にある中高一貫校に入学。入学早々、「なぜ、この学校への入学を志したのか？」とのテーマで作文授業があったそうです。

そして、学園新聞に掲載された樹君の作文を紹介しましょう。

「昆虫から世界へ

一年Ｄ組　小田島　樹

ぼくは、小さい時から昆虫が好きで、博物館の動物担当の学芸員になり、外国で活動するのが夢です。

外国では英語とフランス語で話をする国に虫が多くいると聞き、両方が学べ、自分に合いそうな中学を探したところ、頴明館がありました。そして入学することが出来ました。六年間で英語を、四年生と五年生でフランス語をしっかりと学び、外国で役立てたいと思っています。

また、二年後の二〇一一年に昆虫の関係で、外国のトンボの専門家の方々と会う機会があるかも知れないので、その時までに英語がわかるようにしておきたいです。そしてフランス語は、ファーブルの生地のフランスを旅したり、虫を見に行けるようにするためです。

入学式での校長先生のお話の中で、とても心に残っている言葉があります。

それは、『人に感謝する心を忘れなければ、自然と学力は上がってくる』という言葉でした。

今まで、学校や協力してくださった方々に感謝の気持ちが足りませんでした。

これからは、家族や周りの人達に感謝の気持ちを忘れないようにしていきたいです。

また、部活動面では生物部に入部し、先輩達からいろいろなことを教えていただき、知識を深めたりしたいです。そして、今やっている調査にも役立てたいと思っています。

最後に、僕の入学しての決意は、三つあります。一つ目は、自分の師事したい先生のいる大学を見つけ、その大学を目指して勉強をし、結果的に博物館の学芸員になることです。二つ目は、英語を完璧にして、世界を知り、日本のことを外国の人に知ってもらい、世界の人達と交流を決めていくことです。三つ目に、常識的なことですが、先生方や先輩方を敬い、六年間頴明館の生徒として、誇りを持ち続けることです。そして、夢のまた夢ですが、ノーベル賞を受賞することが、もう一つの夢でもあります」

麻ちゃん（長男の嫁）が、この作文を読んでの感想は、「上手すぎる。親に手伝ってもらったんじゃないの？」でした。

私は、「両親はここまで上手な文章は書けない。すでに両親を超え、私も超えられた」と、樹の成長を心から喜びました。

長男・賢の誕生会

十月二日、満五十二歳になる賢の誕生日を前に、九月二十八日が日曜日なので、うなぎ料理店に十名の予約を入れておきました。

夕方六時半頃、ぞろぞろと店の中に入って行くと、若女将と妹さん姉妹で、

「あら！　予約頂いていた小田島さんは、小田島さんだったの？」

と、大変よろこんで迎えてくださいました。

「久しぶりね」

と、私も姉妹の背中をトントン。

ただ飲んだり食べたりの誕生祝いではつまらないだろうと思って、大沢直子先生に電話して、

「たまにはご主人様もご一緒に、うなぎでも食べましょうよ」

と、お誘いしておいたのです。

大沢先生は賢の小学校二、三、四年生の時の担任の教師。結婚式にも出席頂いたり、亡夫の告別式にもご配慮頂き、ずーっと長い間、親戚同様のお付き合いをさせて頂いています。

教員退職後は、ご夫妻が生きがいにされている農園で栽培された大根や玉ねぎなどの野菜を頂くばかりの昨今です。

昔の話に花が咲き、にぎやかな笑い声も聞こえてきました。

大沢先生曰く、「市役所のエレベーターで、偶然、賢と出会い、少し会話をして別れた後で、傍にいた同僚から、同級生？　と言われたんだよ」。

賢の生意気な態度、生意気な言葉遣いは、子供の頃からで、全て私の育て方が悪かったんです。ごめんなさい、と、今までも笑い話をした方が数人あります。

「今、この席でも、先生と賢は同級生に見えますよ」

との私の大声に、麻ちゃん、かおるちゃんも同感の表情で笑っていました。

御年七十歳前後の大沢先生、若々しくお元気でした。

大沢先生からの古いお手紙、大事に保管してありましたので、ここに記し、賢の五十二歳の誕生祝いとさせて頂きます。

「さとしくん、とっても　げんきそうですね。
みんなのようすを　おしえてくれて　ありがとう。
みんなが、目に　うかんできます。
先生も　まい日　みんなのことが　きになります。
『べんきょうはじまったかな』とか、『おべんとう　たべているころだな』とか、『きょうはだれか　おこられちゃったかな』なんて　おもっています。
日直の　おしごと　じょうずにできるようになったかしら。
ふくまつくんは　どうして　お休みが　おおくなったのかしら。
早く　みんなに　あいたいです。
先生は　まい日　いえで　ふだん学校にいっていて　できないしごとや　赤ちゃんの　うまれてくるよういを　しています。
でも　おなかの赤ちゃんが　あばれるので　くるしくて　おしごとがすすまないこ

ともありますよ。でも　げんきでいます。
六月になると　えんそくもありますね。
九月に　なったら　先生も　じゃんじゃんがんばろうと　おもいます。
みんなも　さとしくんも　がんばっていてね。
おかあさんに　よろしくね。

さようなら　大沢先生より」

麻ちゃんの誕生会

麻ちゃんは昭和四十四年十一月二十二日生まれ。ゾロ目さん。四十五歳の誕生会は、ちょうど土曜日でよかったね。今回はイタリアンレストランに予約しました。樹君は大学受験勉強中で参加できないかも……と聞いてはいましたが、次男の篤がドタキャン。仕事の都合で仕方ないことですが、今まで二名もの不参加はなかったので、少々寂しいお誕生会になりました。

代表参加のかおるちゃんが、「麻ちゃん、ごめんね」と、頭を深く下げていました。

かおるちゃんが買って来てくれたお祝いケーキは、そのまま麻ちゃんが家に持ち帰ることにして、レストランで解散となりました。

私は大悟君に、

「お家に帰ったら、ハッピーバースデイ、お母ちゃん……と、大きな歌声でにぎやかにもう一度お祝いをしてあげてね」

と話しました。

折にふれ、お母さんありがとう、と手紙をくれる麻ちゃんの気持ちの詰まった、一枚のハガキを記します。

「拝啓　本日、無事に西表島に到着しました。

みな、元気です。今日は、築六十年の古民家に泊まります。ガラス窓がない！　網戸と雨戸です。けっこう涼しく、気持ちの良い風が吹いております。今年も沖縄旅行に来られて、うれしく思っています。賢さんに感謝。子供達にも感謝。そして、お母さんには、いつもいつも感謝しています。何もかも甘えっぱなし、お世話になりっぱなしの、気の利かない嫁で（近頃は、もう開き直っておりますが……）。整体のお仕事の勉強もさせていただいて、まだまだ未熟な自分ですが、やっぱりやりがいを感じる毎日、充実しています。これからも、どうか見捨てず！　よろしくお願いいたします。乱文乱筆で失礼しました。帰ったら、また連絡します。　敬具

大好きなお母さんへ　愛をこめて❤❤❤　麻子より」

篤の誕生会

七月八日生まれの篤の誕生会は日程が定まらず、とうとうお流れになってしまいま

した。篤は人に親切な男、私には自慢の息子です。

この誉め言葉をお腹の中に飲み込んで頂き、誕生会の美味しいお食事に替えさせて頂きます。

亡夫、温善の誕生会

十二月二十八日は、亡夫の誕生日です。仏壇に花を飾り、酒、ビール、ワイン、りんご、みかん……をお供えしても自己満足にも及ばず、虚しい限りです。

六十九歳で他界。少し早すぎたね、と、両手を合わせるのが常です。十三回忌が終わり、十七回忌の法要が目前です。

腹痛で病院に行き、白血病と診断。一年数ヵ月、北里大学病院で心のこもった看護を受けながら一生を終えたのです。

お世話になった病棟の看護師さんからお手紙を頂き、悲しみの中、こんなに嬉しいことはありませんでした。

看護師さんからのお手紙。

「前略　いかがお過ごしでしょうか。一年にわたり、小田島様を中心にご家族の皆様が支え合われていた姿に心が打たれ、多くのご家族にお会いしている看護師の間でも、小田島様のご家族を理想に思う者がおります。

私は看護師として、小田島様の担当をさせて頂いたことを嬉しく思っています。

小田島様が入院中にあっても、医師、看護師には勿論のこと、病棟の掃除担当者に対し

亡夫の遺影

ても心配りされていたことなど、その温かい人柄、決して忘れることはできません。その分、ご家族の皆様の悲しみは大きなものと思われます。どうぞ、お力を落とさず、お元気でお過ごしくださるよう願っております。いつかまた、何かの機会の折には、病棟の方にもお顔を見せにいらしてください。

それではまた、いつかお会いする時まで、お元気で。

8A病棟　薄井道子」

葬儀には、予想をはるかに超えた多数の皆様にご焼香頂きました。

火葬場に向かう出棺に当たり、皆様にお礼のご挨拶を申し上げた長男、賢の言葉の中に、「父が、僕の父親であって良かった……」という一言も、私の胸に焼き付いて忘れることはありません。

亡夫は今、天国から神様と一緒に、私達家族の幸せを見守ってくれていることでしょう。

自分史の終わりに、一言（後書きに代えて）

私は決してお金持ちではありませんが、整体院に来てくださるお客様への感謝の気持ちを含めた整体料の一部と、仕事上、夕方六時を過ぎてスーパーマーケットに出向くことが多いのですが、その時間帯になると、三十パーセントオフ、五十パーセントオフの食材が多くあり、そのオフ金分を含め、十数年前から、相模原市役所福祉課と、自治会を通して日本赤十字社に世界平和を願って、寄付させて頂いています。

世間的には、まあまあ人間の顔をして暮らしていますが、自身の暮らしは、モッタイナイ精神と、ケチ手法に、ニヤニヤ笑いを含め、楽しんでいます。誰にでもは出来ない、こんな日々が、私の生きる力です。

著者プロフィール

小田島 やすえ（おだじま やすえ）

昭和14年１月、広島県生まれ
昭和33年３月、広島県立国泰寺高校夜間部卒業後、上京
昭和34年４月、明治大学政経学部政治学科２部入学（昭和37年中退）
昭和36年、結婚
昭和46年５月、国際文化理容美容専門学校通信教育課程美容科にて美容師国家試験に合格
昭和46年６月、美容院「ビューティ・オダ」開店
昭和49年、ビューティ・オダ２号店出店
昭和51年、ビューティ・オダ３号店出店
平成５年３月、国際カイロプラティックナショナル整体学院卒業後、整体院「バランス整体院」開店、現在に至る

昔の女の子　今、七十七歳

2015年10月15日　初版第１刷発行
2021年９月５日　初版第３刷発行

著　者　小田島 やすえ
発行者　瓜谷 綱延
発行所　株式会社文芸社
〒160-0022　東京都新宿区新宿1－10－1
電話　03-5369-3060（編集）
03-5369-2299（販売）

印刷所　株式会社フクイン

ISBN978-4-286-16756-5　JASRAC 出1507299－501